Schriften der Landesbibliothek Oldenburg
Hrsg. von Egbert Koolman

31

Abb. 1: Shôka mit Iris Kaempferi in antiker Bronzevase. Klassisches Ikebana der Ikenobô-Schule. Aus: Willi Prenzel, Kwadô. Japanische Blumenlehre, Leipzig 1928 (Kat.Nr. 68-1928).

Klassische und seltene Literatur zur japanischen Blumenkunst (ikebana/kadô)

von der Edo-Zeit (1603-1868) bis zur Gegenwart

Sammlung H. Wittig

2. Auflage
herausgegeben von H. Yukino Wittig
in Zusammenarbeit mit
Hildegard Hôka und Horst E. Wittig

Mit einem Geleitwort von Masaru Sakato

Japanisches Kulturinstitut Köln
vom 6. bis 27. April 2001

HOLZBERG VERLAG
OLDENBURG

Gedruckt mit Unterstützung des
Fördervereins japanisch-deutscher Kulturbeziehungen e.V., Köln (JaDe).

Herausgeber:

H. Yukino Wittig (1963), Magister Artium (M.A. in Ostasienwissenschaft; Japanologie, Sinologie, Kunstgeschichte Ostasiens), DAAD-Stipendium in Kyôto, Lehrbeauftragte für Japankunde an der Hochschule Bremen. Doktorandin (Japanologie) an der Humboldt-Universität Berlin. Ikebana-Meisterin der Ohara-Schule Kôbe. Graduierung in der Yamamura-goryû-Schule, Nara.

Hildegard Hôka Wittig (1926), Goldschmiedin, Fachhochschule für Goldschmiede Schwäbisch-Gmünd. Studium der japan. Malerei (sumi'e) in Tôkyô und Kyôto. Ikebana-Professorin (Sôkakô) der Ikenobô-Akademie Kyôto, Ikebana-Meisterin (Ikkyû Iemoto Kyôju) der Ohara-Schule Kôbe, Begründerin der Deutschen Kadô-Schule Tôkyô 1972 (erste deutsche Ikebana-Schule in Japan), seit 1986 in Kôbe, seit 1990 in Bad Zwischenahn. Ehrenmitglied I.I. Zürich.

Horst E. Wittig (1922), Dr. Dr., o. Professor an der Universität Oldenburg, ehem. Gastprofessor an der Dokkyô-Universität Tôkyô, Staatl. Universität Matsumoto, Tenri- und Kyôto-Universität. Ikebana-Meister der Ohara-Schule. Ehrenpräsident DJG-Nordwest Oldenburg und Sachsen-Anhalt, Magdeburg. Verwaltungsrat am Mitteldeutschen Rundfunk (MDR) Leipzig.

Fotos:

Frauke Proschek (Fotowerkstatt der Landesbibliothek Oldenburg).

Die Deutsche Bibliothek - CIP-Einheitsaufnahme

Klassische und seltene Literatur zur japanischen Blumenkunst (Ikebana, kadô) von der Edo-Zeit (1603-1868) bis zur Gegenwart : Sammlung H. Wittig ; Auswahlbibliographie zum 25-jährigen Bestehen der Deutschen Kadô-Schule (begründet 1971 in Tôkyô, seit 1990 in Bad Zwischenahn) ; Ausstellung in der Landesbibliothek Oldenburg, 1. - 31. Oktober 1997 / hrsg. von H. Yukino Wittig ... - Oldenburg : Holzberg, 1997
(Schriften der Landesbibliothek Oldenburg ; 31)
ISBN 3-87358-394-1

Gedruckt bei Isensee in Oldenburg

Inhalt

Geleitwort

Unter dem Stichwort I K E B A N A weist ORBIS, das Oldenburger Regionale Bibliotheks- und Informationssystem, ein Verbundkatalog der Universitätsbibliothek und der Landesbibliothek sowie weiterer wissenschaftlicher Bibliotheken der Region, bei einer Computer-Recherche immerhin 6 neuere Veröffentlichungen über die Kunst des Blumenarrangements nach. Diese mögen für diejenigen, die Erstinformationen suchen, einen zureichenden Einstieg in das Thema bieten. Wenn man jedoch bedenkt, daß Frau Hildegard Hôka Wittigs Deutsche Kadô-Schule, vor 25 Jahren in Tôkyô gegründet, seit 7 Jahren in Bad Zwischenahn und damit in der engeren Region arbeitet, dann gibt es wohl Gründe, daß die hier zuständige Regionalbibliothek sich des Themas Ikebana annimmt und in die Folge ihrer Literaturausstellungen aufnimmt.

Während die Bibliothek bei früheren Bücherausstellungen auf ihre eigenen Bestände zurückgreifen konnte, wäre das Thema Ikebana ohne die bereitwillige Öffnung der Sammung von Hildegard Hôka und Horst E. Wittig freilich nicht zur Darstellung gekommen. Ihnen und ihrer Tochter, der Japanologin H. Yukino Wittig, gilt daher mein besonderer Dank nicht nur für die Erarbeitung eines Katalogs von Ikebana-Literatur in unserer Schriftenreihe, sondern auch für die Liberalität, mit der sie die Schätze ihrer Bücherschränke für eine befristete Dauer der Öffentlichkeit in unseren Ausstellungsvitrinen zeigen. Daß die Illustrationen der geschriebenen und gedruckten Ikebana-Bücher ihre Ergänzung in kunstvollen Gestecken der Kâdô-Schule finden, macht den besonderen Reiz unserer Ausstellung aus und verleiht ihr eine eigene Lebendigkeit.

Zu danken ist ebenso herzlich dem Förderverein japanisch-deutscher Kulturbeziehungen e.V. in Köln, der die Druckkosten für einen Katalog bereitstellte, der als Auswahlbibliographie von Literatur der Ikebana-Kunst zugleich einen Führer durch die Ausstellung bietet und wohl für längere Dauer ein kleines Hand- und Nachschlagebuch über diese schöne und geheimnisvolle Kunst aus dem Land der aufgehenden Sonne darstellen mag.

E.K.

Geleitwort zur 2. Auflage

Wir freuen uns, die Sammlung der klassischen und seltenen Literatur zur japanischen Blumenkunst von Prof. Dr. Dr. Horst E. Wittig im Japanischen Kulturinstitut Köln zeigen zu können. Unser Dank gilt Familie Wittig für die zahlreichen Leihgaben und ihr großes Engagement bei den Ausstellungsvorbereitungen. Wir bedanken uns auch bei dem Förderverein japanisch deutscher Kulturbeziehungen e.V. Köln (JaDe), durch den der Druck einer zweiten Auflage ermöglicht wurde.
Masaru SAKATO, Direktor des Japanischen Kulturinstituts Köln, April 2001

Einleitung

1. Ikebana ist eine lebendige Kunst. Das Blumenarrangement lebt von den Elementen der Natur und ist daher vergänglich. Nur in der Literatur über die japanische Blumenkunst (ikebana/kadô) oder in der Malerei läßt sich die Schönheit vergangener Arrangements nachempfinden. Leider ist diese Literatur in Japan weit verstreut und nur schwer auffindbar. Als Literaturgattung ist sie sogar in den großen Universitätsbibliotheken kaum als Sammelgebiet nachweisbar.

Nach einer Ausbildung zur Goldschmiedin begann mein "Blumenweg" im Jahre 1959 in Tôkyô/Ômori. Er führte mich etwa zwanzig Jahre durch die Ikenobô, Ohara und Yamamura-goryû Richtungen des Ikebana. Ich habe neben der Praxis in Tôkyô, der Shinshû- Alpenregion Karuizawa und Matsumoto, Nara, Kyôto und Kôbe, als Mitglied im Tôkyô-Founding Chapter von Ikebana-International (I.I.), auf den Weltkongressen und im Chapter Kyôto von I.I., die führenden Meister des Landes erlebt. Nach und nach entstand durch diese Anregungen eine Bibliothek mit klassischer und seltener Ikebana-Literatur der unterschiedlichen Stilrichtungen und Zeiten. Mit Geduld, dem soliden handwerklichen Können einer Goldschmiedin und dem durch diese Tätigkeit geschulten Sinn für Qualität gelang es, dieses damals noch relativ vernachlässigte und unbeachtete Sammelgebiet zu erschließen und aufzuspüren, was morgen gefragt ist. Die Sammlung enthält neben der gängigen Literatur auch seltene Manuskripte, Skizzenbücher, Drucke und solche Werke, die längst vergriffen sind.

Nach Gründung der "Deutschen Kadô-Schule" (Tôkyô 1972), der ersten deutschen Ikebana-Schule in Japan, habe ich mich nicht nur der Ikebana-Ausbildung gewidmet, sondern auch die kulturhistorischen Aspekte der Blumenkunst vermittelt. 1986 wurde die Schule nach Kôbe/Higashiyama verlegt und der Unterricht in der deutschen Auslandsschule und in der Canadian Academy fortgeführt. Seit 1990 befindet sich die Deutsche Kadô-Schule in Bad Zwischenahn, wo die Ikebana-Studien durch alljährliche Sommerakademien und Japan-Studienreisen ergänzt werden.

Wir danken der Landesbibiliothek Oldenburg, vor allem Herrn Bibliotheksdirektor Dr. Egbert Koolman und Herrn Bibliotheksrat Dr. Rudolf Fietz, für freundliche kollegiale Zusammenarbeit.

H.H.W.

2. Es wird erstmals der Versuch unternommen, die Entwicklung ausgewählter Literatur zur japanischen Blumenkunst in chronologischer Folge aufzuzeigen. Anlaß ist das 25. Jubiläum der Deutschen Kadô-Schule.

Die Chronologie setzt im ausgehenden Zeitalter des Kriegeradels (buke) ein und wird über die Neuzeit mit der Öffnung, Modernisierung und Industrialisierung Japans bis in die Gegenwart fortgesetzt. Dies ist die Zeit des Wandels in der Druckkunst, in der die Ablösung des traditionellen Blockdrucks (mokuhan) durch den maschinellen Letterndruck (katsujiban) eingeleitet wurde.

Die Ausstellung gliedert sich in zwei Teile: Literatur in Japanisch und Literatur in westlichen Sprachen und umfaßt über achtzig ausgewählte Titel. Es werden die größten Ikebana-Schulen des Landes vorgestellt, die meist durch Veröffentlichungen ihrer Headmaster vertreten sind: Ikenobô, Ohara-ryû, Sôgetsu-ryû, Enshû-ryû, Mishô-ryû, Saga-goryû, Kuwahara Senkei-ryû, Yamamura-goryû etc. Unter den Exponaten sind seltene nicht-gedruckte wie auch gedruckte Materialien zu finden, Handschriften (shahon), Skizzenbücher (suketchichô), illustrierte Bücher (ehon) sowie Letterndruck-Ausgaben, die in der Regel als Erstausgaben vorliegen. Einige Bücher sind mit persönlichen Widmungen der Verfasser ausgestattet. Die ersten drei Gruppen bilden die ältesten Dokumente und repräsentieren, von Ausnahmen abgesehen, die Periode bis zur Shôwa-Zeit (1928-1989).

Dies ist ein an sich ungewöhnlicher Sachverhalt, der für die hohe Qualität der Sammlung Wittig spricht, da bereits mit der Meiji-Zeit (1868-1912) ein völliger Umschwung der Druck- und Reproduktionstechiken erfolgte, nämlich "(...) vom mit der Hand gezeichneten, mit der Hand geschnittenen, mit der Hand gedruckten Holzschnitt zur völlig mechanischen Photographie oder zur photographischen Übertragung eines gemalten Bildes auf eine metallene oder steinerne Druckplatte, von der dann maschinelle Abzüge gemacht wurden."[1]

Für die Geschichte des Ikebana sind diese Schriften unerläßliche Quellen. Die alten Zeichnungen verdeutlichen die überlieferten klassischen Formen in ihrem historischen Umfeld, die Variationen der unterschiedlichen Gestaltungen einschließlich ihres jeweiligen Aufbaus, das für die Arrangements notwendige Pflanzenmaterial, die verwendeten Gefäße wie Vasen, Schalen und Becken aus Holz, Keramik, Bronze, Bambus und Eisen sowie Bambuskörbe und antike Por-

---

1 Schamoni, Wolfgang, Roger Goepper u.a.: Taiso Yoshitoshi 1839-1892. Ein Holzschnittmeister an der Schwelle zur Neuzeit, Köln o.J., S. 7 f. - Ausstellung des Museums für Ostasiatische Kunst der Stadt Köln, Hanentorburg (24.07. bis 17.10.71).

zellangefäße aus China, die passenden Untersätze wie Ständer, Tische, Holzteile, die diversen Blumenhalter-Typen sowie die angemessene Raumgestaltung, also der passende Hintergrund mit den entsprechenden Ziergegenständen. Dies alles ermöglicht uns, in die damalige Zeit einzudenken, die einen Übergang von den komplexen, hochkünstlerischen Blumenanordnungen hin zu modernen, schlichten und natürlichen Gestaltungen in flachen Schalen (moribana) darstellt.

Bei der frühesten Schrift handelt es sich um ein Holzschnittbuch mit Schwarzweißillustrationen (Kat.Nr. 01-1813) aus dem 10. Jahr der Bunka-Periode (1813). Hinzu kommen Manuskripte (Kat.Nr. 02-1899 f.), Skizzenbücher von Ikebana-Meistern unterschiedlicher Schulen (Kat.Nr. 08-Meiji f.) sowie weitere illustrierte Bücher (Kat.Nr. 04-1904 bis Kat.Nr. 07-1911, Kat.Nr. 10/Meiji bis Kat.Nr. 13/Meiji, Kat.Nr. 15-1916, Kat.Nr. 17-1925 f.). Auch das älteste westliche Ikebanabuch (Kat.Nr. 67-1891), das als eines der bedeutendsten Werke zu diesem Thema gilt, ist mit kostbaren Farbholzschnitten (ukiyo'e) versehen, geschaffen vom Spätmeister des traditionellen Farbholzschnittes Taisô Yoshitoshi (1839-1892).[2] Des weiteren wird der wohl erste westliche Beitrag zur japanischen Blumenkunst aus der in Tôkyô herausgegebenen Zeitschrift "Transactions of The Asiatic Society of Japan", vorgestellt (Kat.Nr. 66-1889).

Die moderne Literatur seit Beginn der Shôwa-Zeit zeichnet sich durch Veröffentlichungen in kostbarer Ausstattung aus: in Brokat gebundene Leporello-Ausgaben mit reichen Illustrationen, mit üppigen Farbdrucken ausgestattete, nach traditioneller Art gebundene Alben, Ausstellungskataloge mit umfangreichem Bildteil, Skizzenbücher großer Meister mit aufwendigem Bucheinband, Ikebana-Lehrbücher mit wertvollen Farbholzschnitten, Bildbände mit hervorragenden Illustrationen und Reproduktionen sowie exklusive Folio-Bände.

Zu den zentralen Werken gehören die alten, reich bebilderten Ausstellungskataloge und Fotosammlungen aus der Zeit bis in die frühen dreißiger Jahren (Kat.Nr. 20-1927 bis Kat.Nr. 23-1929, Kat.Nr. 26-1931, Kat.Nr. 28-1932) die komplett erhaltenen, teils mehrbändigen Schriften mit Farbdrucken in Leporello-Faltung (Kat.Nr. 30-1934, Kat.Nr. 32-1936, Kat.Nr. 38-1942, Kat.Nr. 71-1936, Kat.Nr. 75-1952), das wohl erste deutsche Buch über Ikebana (Kat.Nr. 68-1928), die vor 1945 in Japan erschienenen zweisprachigen bzw. englischsprachigen Publikationen für die dort ansässigen ausländischen Interessenten (Kat.Nr. 30-1934, Kat.Nr. 34-1938, Kat.Nr 69-1935 bis Kat.Nr. 73-1940) sowie die mehrbändigen Skizzenbücher des "general manager of floral arrangement" (Sôkamu) Yoshida Hôkô, dem Begründer der Ko'ikenobô-onryû, Nara (Kat.Nr. 34-1939 bis Kat.Nr. 36-1940).

---

[2] S. ebda.

Abschließend sei auf den gegenwärtigen Trend zu Prachtbänden im Folio-Format hingewiesen (Kat.Nr. 51-1966, Kat.Nr. 57-1971, Kat.Nr. 77-1952, Kat.Nr. 82-1968), der von den großen Ikebana-Schulen seit den achtziger Jahren konsequent verfolgt wird (Kat.Nr. 59-1981 bis Kat.Nr. 61-1986, Kat.Nr. 63-1992). Darin zeichnet sich neben den nun schon als klassisch verstandenen Blumenarrangements der Shôwa-Zeit eine Neuorientierung ab, die hin zu Ikebana-Formen des kommenden Jahrtausends führt.

H.Y.W.

3. Als 1972 in Tôkyô/Ômori die Deutsche Kadô-Schule gegründet wurde, die ihre Aktivitäten auch in die außerunterrichtliche Arbeit der dortigen deutschen Auslandsschule (neusprachl. Gymnasium) integrierte, so daß die Teilnehmer an unserer Ikebana-Ausbildung gleichzeitig mit der Reifeprüfung die Ohara-Lehrergraduierung zum "Junkyôju" erreichen konnten, waren nicht geringe Fragen aus dem japanischen Umfeld an der Tagesordnung. Wie konnte eine Deutsche in Japan die Blumenkunst der Japaner lehren und eine Ikebana-Ausbildung in Kursen anbieten?

Es blieb aber nicht nur bei der Ikebana-Ausbildung allein. Die Deutsche Kadô-Schule veranstaltete auch Ausstellungen, Workshops in anderen Ikebana-Schulen und Exkursionen zu Stätten des kulturellen Umfeldes. Diese Aktivitäten wurden später vom Schulsitz Kôbe fortgesetzt. So wurde unser Ausbildungsprogramm von vorn herein über die engere Praxis auch in den Raum der japanischen Kultur gespannt. In der Bundesrepublik haben wir bislang über 40 Kulturveranstaltungen zusammen mit Ikebana durchgeführt.

Auf unseren alljährlich veranstalteten Japanstudienreisen besuchen wir jeweils andere Ikebana-Schulen und neben Workshops auch Ausstellungen verschiedener Richtungen der Blumenkunst.

Dafür sind wir dem Stadtmuseum Oldenburg, dem Überseemuseum Bremen, dem Focke-Museum Bremen, der Haneburg Leer, vor allem aber der Kurbetriebsgesellschaft Bad Zwischenahn und der Landesbibliothek Oldenburg zu Dank verbunden, die unsere Arbeit seit Jahren unterstützen.

Oktober 1997 H.E.W.

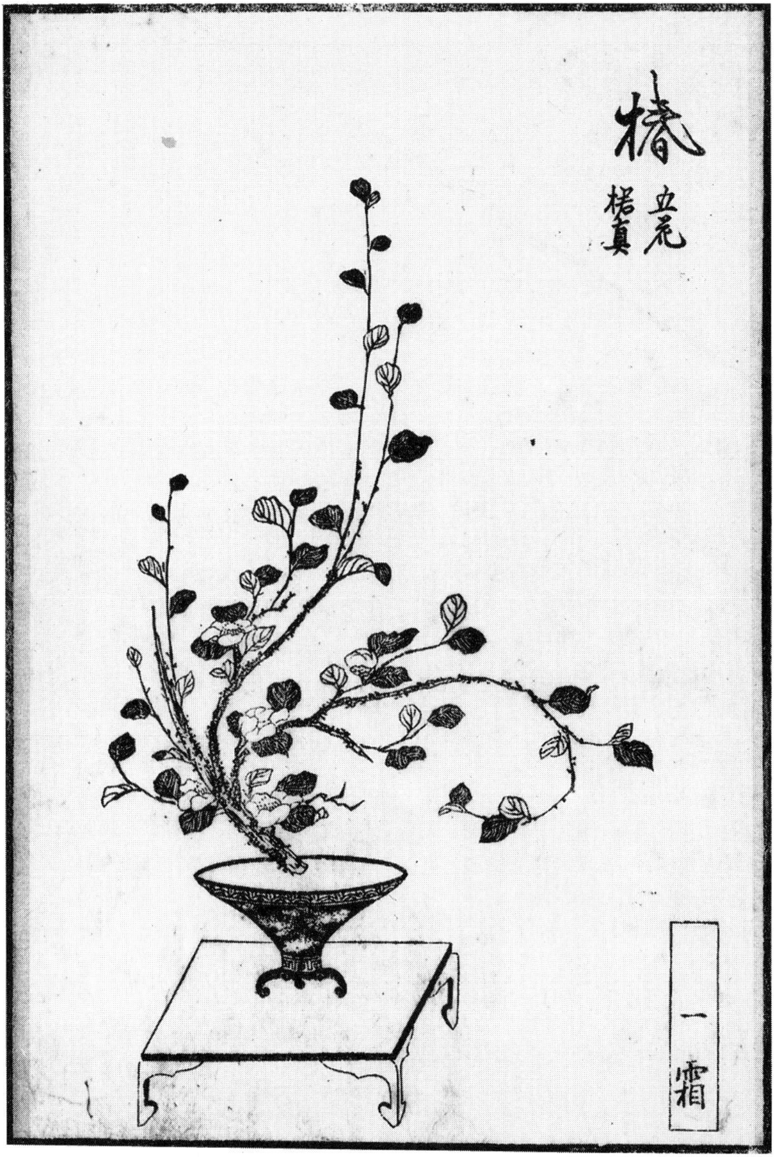

Abb. 2: Rikka mit gebogenem Hauptzweig in antiker Bronzevase. Material: Kamelien (tsubaki). Klassisches Ikebana der Enshû-Schule. Schwarzweiß-Druck aus: Shôhakusai Ippyô (Komp.), Sôka shiki en, Kyôto 1813, Vol. 4 (Winter), S. 15/Vorderseite (Kat.Nr. 01-1813).

1. Literatur in Japanisch [3]

1.1 Literatur aus der Edo-Zeit (1603-1868)

Nr. 01-1813
Shôhakusai Ippyô (Komp.)
Sôka shiki en
(Garten der vier Jahreszeiten im Ikebana), 4 Vols.
Kyôto: Taikadô Issen/Bunka 10/1813; hier: Vol. 4 (Winter)

Klassische Ikebana mit winterlichem Pflanzenmaterial aus der Enshû-Schule, illustriert durch Holzschnitte.
Blockbuch, vierfach gelocht, mit Band durchzogen. Blätter doppelseitig. Die Enshû-Schule, Kyôto, wurde vom Maler, Dichter, Bau- und Gartenkünstler Kobori Enshû (1579-1647) begründet, der neben seinem Lehrer Sen no Rikyû als größter Teemeister (chajin) Japans gilt. Gegenwärtig wird die Enshû-Schule in 14. Generation vom Headmaster (Sôke) Ashida Ichiba geleitet.

1.2 Literatur aus der Meiji-Zeit (1868-1912)

Nr. 02-1899
Itsukita Chôjûrô
Enshû-ryû sôka
(Ikebana der Enshû-Schule)
o.O. o.J. (ca.1868); hier: Fukui Ryûemon (Nachschrift), Tôkyô 1899

Einführung in das klassische Ikebana der Enshû-Schule.
Handschrift mit zahlreichen Zeichnungen. Das handgeschriebene Original befindet sich im Besitz des Archivs Sekine Shôkadô. Blockbuch, vierfach gelocht mit Band durchzogen. Blätter doppelseitig.

---

[3] Bei den japanischen Schriften steht an erster Stelle der Familienname, gefolgt vom persönlichen Namen, der unserem Vornamen entspricht. Obertitel, die unseren Untertiteln vergleichbar sind, werden in Klammern vor den eigentlichen Titel gestellt.

Nr. 03-1903
Nakamura Saikichi
Shôka tehon
(Abschrift zum Ikebana im Shôka-Stil), 2 Hefte
o.O. (Kyôto) 1903

Manuskripte mit Tuschzeichnungen klassischer Ikebana-Arrangements der Senkei-Schule von Meister Nakamura in besonderen Gefäßen: Boot, Kürbis, Bronzeschalen etc.
Meiji-Zeit (1868-1912). Vierfach gelocht, mit Band durchzogen. Blätter doppelseitig. - Die Ursprünge der Senkei-Schule mit Sitz in Kyôto, werden auf die Zeit von Kronprinz Shôtoku (574-622) zurückgeführt, dessen Gefolgsmann Hatashi no omi Okanoe no mahito im ausgehenden 6. Jahrhundert ein Blumenopfer (kuge) zu Ehren von Buddha dargebracht haben soll. Gegenwärtig leitet sie Nishizaka Senkei als 66. Headmaster.

Nr. 04-1904
Ikenobô Senshô
Hana no shiori
(Einführung in das Ikebana)
Kyôto: Kadô Iemoto kamuka 1904

Holzschnitte mit klassischen Ikebana-Anordnungen der Ikenobô-Akademie, kompiliert vom 42. Ikenobô-Headmaster (Iemoto) Senshô (Iemoto von 1863 bis 1908).
Erstausgabe. Blockbuch, Blätter doppelseitig. - Die älteste und größte Ikebana-Schule Japans in Kyôto, mit einer über fünfhundertjährigen Tradition, leitet derzeit der 45. Headmaster (Iemoto) Ikenobô Sen'ei.

Nr. 05-(1904)
Mishôsai Kôho (Komp.)
(Sôka densho) Nishiki no hana. Mishô-ryû zen
(Brokatblumen. Überlieferungen zum Ikebana. Mishô-Gesamtausgabe)
Ôsaka (1904)

Holzschnitte mit klassischen Ikebana der Mishô-Schule.
Erstausgabe. Blockbuch, Blätter doppelseitig. - Die Mishô-Schule geht auf Mishôsai Ippo (1761-1824), den Schöpfer des Kakubana-Stils im Ikebana, zurück. Der 1981 verstorbene Verfasser Hihara Kôho führte seit 1920 als 8. Headmaster die Neuorientierung im Ikebana der Mishô-Schule, Ôsaka, ein. Seither leitet sein Sohn Hihara Sekino (geb.1938) mit dem Titel des 9. Mishôsai diese Schule.

Nr. 06-1911
Ikenobô Senkei (Komp.)
Bikagami. Kashinshô no maki
(Spiegel der Schönheit. Das Buch vom prächtigen Herzen der Blumen)
Kyôto: Kadô Iemoto kamuka 1911

Darstellung mit klassischen Ikebana der Ikenobô-Akademie, kompiliert vom 43. Ikenobô-Headmaster (Iemoto) Senkei (Iemoto von 1908 bis 1945), Großvater des amtierenden 45. Headmaster Ikenobô Sen'ei.
Erstausgabe. Blockbuch, Blätter doppelseitig.

Nr. 07-1911
Ikenobô Senkei (Komp.)
Bikagami. Shiki enshika no maki
(Spiegel der Schönheit. Das Buch der vier Jahreszeiten: die Schwertlilie)
Kyôto: Kadô Iemoto kamuka 1911

Holzschnitte mit klassischen Ikebana der Ikenobô-Akademie, für die nur Schwertlilien verwendet wurden.
Erstausgabe. Blockbuch, Blätter doppelseitig.

Abb. 3: Rikka von Mutô Shôan mit gebogenem Hauptzweig in antiker Bronzevase mit verzierten Henkeln in Form von Löwen. Material: Kiefer (matsu), Pflaume (ume), Kamelien (tsubaki) etc. Klassisches, formelles Ikebana der Ikenobô-Akademie. Schwarzweiß-Druck aus: Ikenobô Senkei (Komp.), Bikagami. Kashinshô no maki, Kyôto 1911, S. 8/Rückseite (Kat.Nr. 06-1911).

Nr. 08/Meiji
Senkei-ryû seika e. Genji gojûyonjô no uchi
(Seika-Zeichnungen der Senkei-Schule nach den vierundfünfzig Kapiteln des Genji-monogatari), 2 Hefte
o.O. o.J.

Skizzenbücher mit Tuschzeichnungen von klassischen Blumenarrangements der Senkei-Schule, Kyôto, angeordnet nach Themen aus dem höfischen Liebesroman "Die Erzählung vom Prinzen Genji" (Genji-monogatari). Als Verfasserin gilt die Hofdame Murasaki Shikibu, die das Werk um 1010 fertigstellte. Das Genji-monogatari ist das bedeutendste Prosawerk der klassischen Literatur Japans. Jede Zeichnung ist betitelt.
Meiji-Zeit (1868-1912). Vierfach gelocht, mit Band durchzogen. Blätter doppelseitig.

Nr. 09/Meiji
Bishô rokujûichi kazu densho
(Einundsechzig überlieferte Blumenzeichnungen der Bishô-Schule)
o.O. (Tôkyô) o.J.

Skizzenbuch mit Tuschzeichnungen klassischer Ikebana-Anordnungen in Bambus-, Holz-, Steinzeug-, Bronze- und Lackgefäßen der Bishô-Schule, Akasaka/ Tôkyô.
Meiji-Zeit (1868-1912). Vierfach gelocht, mit Band durchzogen. Blätter doppelseitig.

Nr. 10/Meiji
Teishôsai Ichiba
Sôka koromo no ka. Enshû-ryû shiki gaen
(Ikebana - Duft von Seide. Das elegante Jahreszeitenbankett der Enshû-Schule), 4 Vols.
Edo (Tôkyô) Kansei-Ära (1789-1801); hier: 3 Vols.

Holzschnitte mit klassischen Ikebana der Enshû-Schule nach den vier Jahreszeiten. Hier: Frühling, Sommer und Winter
Blockbuch, Blätter doppelseitig. Nachdruck aus der Meiji-Zeit (1868-1912).

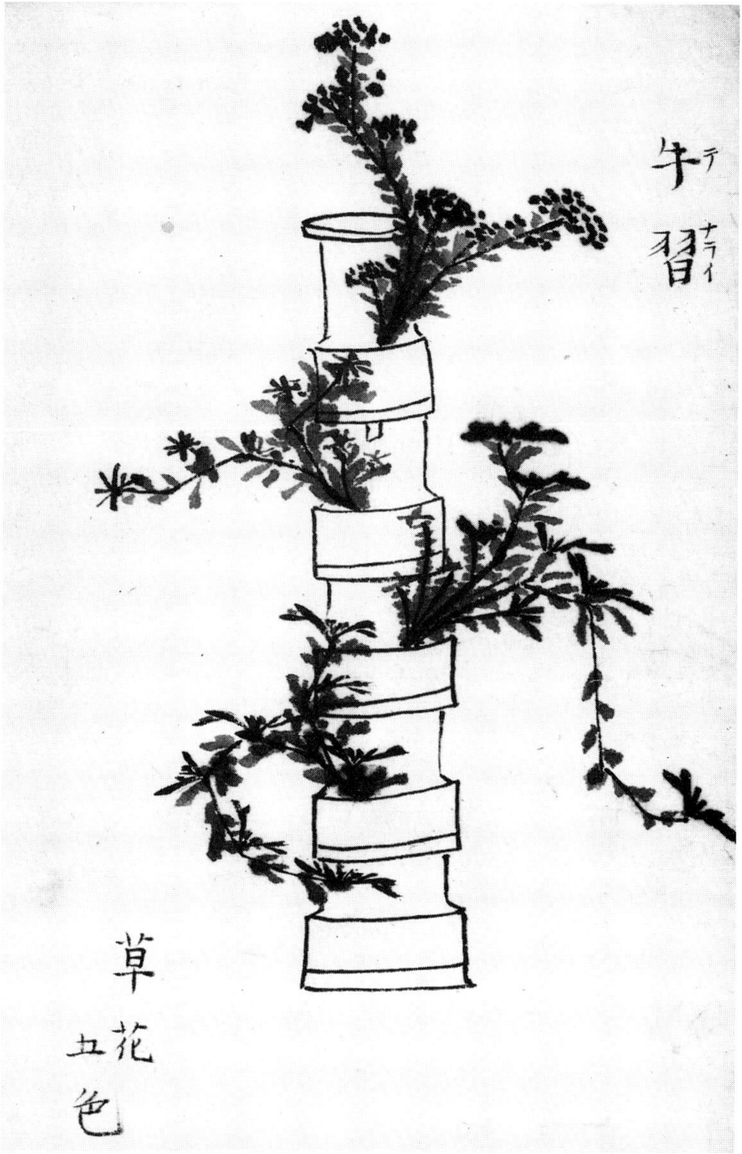

Abb. 4: (Ikebana)-Studie. Klassisches Arrangement der Senkei-Schule in antiker Bambusvase mit stufenweise angeordneten Öffnungen. Material: fünffarbige Blumen. Tuschzeichnung, monochrome Tusche und Farben auf zartem Papier. Aus: Nakamura Saikichi, Shôka tehon, o.O. 1903, Heft 1 (Kat.Nr. 03-1903).

Nr. 11/Meiji
(Shoryû hiden) Ikebana hitori keiko. Kan no san
(Japanische Blumenkunst zum Selbststudium. Geheime Aufzeichnungen aus verschiedenen Ikebana-Schulen), Vol. 3
o.O. (Ôsaka) o.J.

Zu den diversen Anordnungsformen, Gefäßtypen und Blumenhaltern im traditionellen Ikebana.
Blockbuch aus der Meiji-Zeit (1868-1912).

Nr. 12/Meiji
Ganshôsai Tei'itchô (Komp.)
(Seifû-Enshû-ryû sashibana) Hamana no umi
(Das Meer von Hamana. Ikebana der Shôfû-Enshû-Schule)
o.O. (Ôsaka) o.J.

Holzschnitte mit klassischen Ikebana-Anordnungen nach Motiven des Hamana-Sees/Shizuoka am Pazifik, berühmt für seine landschaftlichen Schönheiten.
Blockbuch aus der Meiji-Zeit (1868-1912), Blätter doppelseitig. Der 7. Headmaster der Enshû-Schule, Teishôsai Yone'ichiba I., vervollkommnete die Lehre des Begründers Kobori Enshû zur neuen Richtung der Seifû-Enshû-Schule. 1981 änderte das amtierende Oberhaupt (Sôke) Ashida Ichiba ihren Namen in Enshû-Schule.

Nr. 13/Meiji
Ganshôsai Tei'itchô (Komp.)
(Seifû-Enshû-ryû sashibana) Matsu no midori
(Das Grün der Kiefer. Ikebana der Shôfû-Enshû-Schule)
o.O. (Ôsaka) o.J.

Holzschnitte mit klassischen Ikebana-Arrangements der Shôfû-Enshû-Schule.
Blockbuch aus der Meiji-Zeit (1868-1912), Blätter doppelseitig.

1.3 Literatur aus der Taishô-Zeit (1912-1926)

Nr. 14-1915
Matsumura Takuji (Hg.)
Ikebana kôgiroku. Dai`ichi maki
(Lehrbuch des Ikebana), Vol. 1
Tôkyô: Nippon kadô kenkyûkai (Japanische Ikebana-Studiengesellschaft)
1915

Darstellung zur Theorie der Blumenkunst und Einführung in die bekanntesten Ikebana-Schulen und -Techniken der Taishô-Zeit.
Erstausgabe. Vierfach gelocht, mit Band durchzogen.

Nr. 15-1916
Mishôsai Kôho (Hg.)
(Sôka hiden) Shiki no kaori. Mishô-ryû zen
(Duft der vier Jahreszeiten. Geheime Aufzeichnungen zur japanischen Blumenkunst. Mishô-Gesamtausgabe)
Ôsaka: Maeda bunshindô 1915; hier: 3. Aufl. 1916

Holzschnitte mit Ikebana im klassischen Stil der Mishô-Schule, Ôsaka.
Blockbuch, vierfach gelocht, mit Band durchzogen. Blätter doppelseitig.

Nr. 16-1919
Baigyokusai Gekkô
Kadô sôden no maki
(Buch der Überlieferungen zum Weg der Blumen)
Kôbe 1919

Geschichte des Ikebana, illustriert durch Schwarzweiß-Drucke.
Erstausgabe mit neuem Einband. Blockbuch, vierfach gelocht, mit Band durchzogen. Blätter doppelseitig.

Nr. 17/1925
Mishôsai Kôho (Hg.)
(Sôka densho) Shiki no shiori. Mishô-ryû zen
(Einführung in das Ikebana der vier Jahreszeiten. Überlieferungen zur japanischen Blumenkunst. Mishô-Gesamtausgabe)
Ôsaka: Maeda bunshindô 1915; hier: 12. Aufl. 1925

Holzschnitte mit Ikebana im klassischen Stil der Mishô-Schule, Ôsaka. Blockbuch, vierfach gelocht, mit Band durchzogen. Blätter doppelseitig.

Nr. 18/Taishô
Mishôsai Kôho (Hg.)
(Sôka densho) Shihô no kaori. Mishô-ryû zen
(Duft der vier Himmelsrichtungen. Überlieferungen zur japanischen Blumenkunst. Mishô-Gesamtausgabe)
o.O. (Ôsaka) o.J.

Holzschnitte mit Ikebana im klassischen Stil der Mishô-Schule, Ôsaka. Taishô-Zeit (1912-1926). Blockbuch, vierfach gelocht, mit Band durchzogen. Blätter doppelseitig.

Nr. 19-1926
Ueno Keijun, Shôhakutei Shunsui
(Kadô ôyô) Teikoku moribana nage'ire tokuhon zen
(Einführung in das Ikebana im Moribana und Nage'ire Stil des Großjapanischen Kaiserreichs. Grundformen der japanischen Blumenkunst. Gesamtausgabe)
Kyôto: Kokufûsha 1926

Lehrbuch des Ikebana in Schalen und Vasen der Ikenobô-Akademie, Kyôto mit zahlreiche Schwarzweißaufnahmen und Farbholzschnitten. Persönliche Widmung des 43. Headmaster (Iemoto) Ikenobô Senkei mit Künstlersiegeln.

1.4 Literatur aus der Shôwa-Zeit (1926-1989)

Nr. 20-1927
Tsuchida Hakuyô (Hg./Fotogr.)
Kôchû Mugyû gahaku hitsu. Ohara Kôun sensei sen. Haiga to moribana heika
(Haiga-Malerei von Meister Kôchû Mugyû und Ikebana im Moribana- und Heika-Stil von Meister Ohara Kôun)
Ôsaka 1927

Katalog mit Schwarzweißaufnahmen von Ikebana in Vasen und Schalen, erschienen zur Ausstellung des 2. Headmaster (Iemoto) der Ohara-Schule, Ohara Kôun (1880-1938) mit seinen Schülern in der Kimonohandlung Shiragiya, Ôsaka. Im Hintergrund traditionelle japanische Malerei (nihonga) mit Haiku-Kurzgedichten. Vorwort von Ohara Kôun.
Erstausgabe mit Brokatumschlag. Zweifach gelocht, mit Seidenband durchzogen. Blätter doppelseitig. Seltener Katalog.
Die 1885 von Ohara Unshin in Ôsaka begründete Ohara-Schule mit heutigem Sitz in Kôbe, ist eine der drei großen Ikebana-Schulen Japans. Unshin schuf den Moribana-Stil, der heute in der ganzen Welt verbreitet ist. Die Ohara-Schule wird bis zur Volljährigkeit des 5. Headmaster (Iemoto) Hiroki von Ohara Wakako kommissarisch geleitet.

Nr. 21-1927
Tsuchida Hakuyô (Hg./Fotogr.)
Ohara Kôun sensei sen. Kiku hyakudai moribana heika
(Einhundert ausgewählte Ikebana mit Chrysanthemen im Moribana- und Heika-Stil von Meister Ohara Kôun)
Ôsaka 1927

Katalog mit Schwarzweißaufnahmen von Ikebana mit Chrysanthemen. Blumenanordnungen des 2. Headmaster (Iemoto) der Ohara-Schule, Ohara Kôun mit seinen Schülern im Rahmen einer Ikebana-Ausstellung in der Kimonohandlung Shiragiya, Ôsaka.Vorwort: Ohara Kôun.
Erstausgabe mit Brokatumschlag. Zweifach gelocht, mit Seidenband durchzogen. Blätter doppelseitig. Früher Katalog.

Nr. 22-1928
Ohara Kôun
Ryôshu
(Erfrischende Formen)
Ôsaka: Ohara Rikugôken 1928

Bildband mit Schwarzweißaufnahmen von zweiundachtzig ausgewählten Ikebana in Glasgefäßen. Katalog zu einer Ausstellung des Meisters mit seinen Schülern vom 15. Juni - 19. Juni 1928 in Ôsaka.
Erstausgabe. Zweifach gelocht, mit Band durchzogen. Seltener Katalog.

Nr. 23-1929
Shufunotomo henshû-kyoku (Hg.)
Shotaika no iketaru moribana to nage'ire no shashin-shû
(Sammlung von Photographien zu Moribana- und Nage'ire-Anordnungen großer Ikebana-Meister)
Tôkyô: Shufunotomosha 1928; hier: 4. Auflage, Tôkyô 1929

Blumenanordnungen nach Jahreszeiten der großen Ikebana-Meister Japans, zusammengestellt von Taira Ichiô (Ohara) und Adachi Chôka (Adachi) nach den verschiedenen Ikebana-Schulen.
Herausgeber: Shufunotomo-Verlag, Tôkyô, bei dem bis in die Gegenwart Bücher zum Thema des Ikebana veröffentlicht werden.

Nr. 24-1929
Ariyoshi Keishû
Gendai shiki no jitchi zukai. Moribana nage'ire kyôhon
(Aktuelle Illustrationen zum gegenwärtigen Ikebana nach Jahreszeiten. Lehrbuch des Ikebana im Moribana- und Nage'ire-Stil)
Tôkyô: Gendai moribana nage'ire kankôkai 1929

Reich illustriertes Lehrbuch des modernen Ikebana.
3. Auflage. Brokateinband. Zweifach gelocht, mit Seidenband durchzogen. Dazu kostbarer Klappschuber mit Elfenbeinknebeln.

Nr. 25-1930
Kumagai Hachiyoshi
Moribana heika zushû. Dai'isshû
(Gesammelte Zeichnungen zu Moribana- und Heika-Anordnungen. Teil 1)
Kyôto: Dai-Nippon kadô gakuin (Groß-Japanische Ikebana-Akademie) 1930

Einhundert ausgewählte Blumenanordnungen von fünf großen Meistern des Landes. Einhundert Farbdrucke mit detaillierten Beschreibungen der Ikebana.
Erstausgabe mit Schuber. Zweifach gelocht, mit Band durchzogen.
Dai-Nippon ist eine Bezeichnungen für Japan bis Ende des Zweiten Weltkrieges.

Nr. 26-1931
Takamori Godô
Kochikuen morimono-shû
(Sammlung von Ikebana im Morimono-Stil der Kochikuen-Schule)
Tôkyô: Kadôgahôsha 1931

In langjähriger Arbeit vom Verfasser zusammengetragene Schwarzweißaufnahmen von Ikebana mit chinesischen Blumen, Früchten und Gemüse, arrangiert nach klassischen Vorbildern aus China. Ikebana nach den Jahreszeiten, angeordnet von verschiedenen Meistern der japanischen Blumenkunst.
Erstausgabe mit Schuber. Zweifach gelocht, mit Band durchzogen.

Nr. 27-1931
Taniuchi Kiyomichi (Hg.)
Kyû Saga-gosho moribana heika. Take no maki. Shoden
(Heika- und Moribana-Anordnungen der Saga-Schule aus der ehemaligen kaiserlichen Residenz zu Saga. Bambus-Band. Erste Aufzeichnung), 4 Vols.
Kyôto: Kyû Saga-gosho kadô sôshisho 1931-1933; hier: Vol. 2, 1931

Zum Wesen, zur Technik, Ästhetik und zum Pflanzenmaterial des Ikebana in Schalen und Vasen der Saga-Schule.
Erstausgabe mit Brokateinband. Ein Nachdruck der Gesamtausgabe mit Einband aus festem Karton erschien in den 1950er Jahren.
Der 52. tennô Saga (Regierungszeit 809-823) gilt als Begründer der gleichnamigen Ikebana-Schule, der Saga-goryû in Kyôto. Sein ehemaliger Sommersitz wurde 876 in den Tempel Daikaku-ji umgewandelt, der bis 1868 in enger Beziehung zum japanischen Kaiserhaus stand. Unter den zahlreichen abgedankten tennô, die dort als Oberpriester wirkten, ragte im künstlerischen Bereich vor allem der Exkaiser Go-Uda hervor (Anfang 14. Jahrhundert).
Die Bezeichnung "goryû" (erlauchte Schule) knüpft an die kaiserlichen Ursprünge an. Nur Ikebana-Schulen, deren Entwicklung in Verbindung mit dem Kaiserhaus zu sehen ist, heißen "goryû" bzw. "onryû" und setzten sich damit von den herkömmlichen, als "ryû" bekannten Richtungen ab.

Nr. 28-1932
Tsuchida Hakuyô (Hg./Fotogr.)
Ohara Kôun sensei sen. Kokufû moribana heika. Hanagata chihei-shû. Dai-roku maki
(Gesammelte Ikebanaformen in eintausend Blumengefäßen. Ausgewählte Moribana- und Heika-Anordnungen in japanischer Art von Meister Ohara Kôun), 6 Vols.
Ôsaka: Chakadô shashin kenkyûsha 1928-1932; hier: Vol. 6, 1932

Bildband mit Schwarzweißaufnahmen von Blumenanordnungen des 2. Headmaster (Iemoto) der Ohara-Schule, Ohara Kôun.
Erstausgabe. Vierfach gelocht, mit Band durchzogen. Mit Glockenblumen-Dekor (kikyô) verzierter Titelstreifen, Familienwappen der Ohara.

Abb. 5: Traditionelle Herbstlandschaft (shakei-sôka) im Nahblick (enkei) von Ohara Kôun (1936). Gefäß: antike chinesische Porzellanschale in Spiegelform; monochrome Ware. Material: Eberesche, Goldbaldrian, Pampasgras, Moos etc. Farbdruck in: Iemoto Rikugôken Ohara Kôun, Ohara-ryû moribana heika kessaku senshû, Vol. 2, Kyôto 1938, Abb. Bl. 31 (Kat.Nr. 30-1934).

Nr. 29-1933
Tsujii Kôshû
Moribana heika. Saga-ryû senshû
(Anthologie von Moribana- und Heika-Anordnungen der Saga-Schule)
Kyôto: Seikansha shuppanbu (Redaktion des Verlages Seikan) 1933
Englischer Untertitel: Moribana & Heikwa. Selected Flower Arrangements of the Saga School

Fünfundsechzig Farbdrucke von klassischen und modernen Ikebana-Arrangements aus der Saga-Schule, Kyôto, angeordnet von Tsujii Kôshû, Vater des zur Zeit für die Ikebana-Lehre verantwortlichen "Head Teacher" Tsujii Hakushû. Dazu Erläuterungen in Japanisch und Englisch.
Erstausgabe. Vierfach gelocht, mit Band durchzogen. Seltenes Werk.
Der gegenwärtige Oberpriester des Daikaku-ji, Ajioka Ryôkai, trägt als nominelles Oberhaupt der Saga-goryû den Titel des "Grand Master".

Nr. 30-1934
Iemoto Rikugôken Ohara Kôun
Ohara-ryû moribana heika kessaku senshû
(Ausgewählte Meisterwerke der Ohara-Schule im Moribana- und Heika-Stil), 2 Vols.
Ôsaka, Kyôto 1934-1938
Englischer Untertitel: Moribana & Heikwa. Selected Flower Arrangements of the Ohara School

Fünfzig (Vol. 1) und fünfunddreißig Farbdrucke (Vol. 2) von Ikebana in Schalen und Vasen mit Erläuterungen in Englisch und Japanisch. Anordnungen vom 2. Headmaster (Iemoto) der Ohara-Schule, Ohara Kôun (Vol. 1). Kompilator des zweiten Bandes ist Ohara Hôun.
Erstausgabe mit Schuber. Leporello-Faltung mit 52 bzw. 38 Doppelseiten. Brokateinband. Seltene Bücher in zwei Sprachen für die ausländischen Anhänger der Ohara-Schule in Japan. Erstklassiger Erhaltungszustand. Rikugôken ("Universum/Himmel, Erde und die vier Himmelsrichtungen") ist ein Künstlername des Kôun.

Abb. 6: Hängendes Ikebana mit Kiefern (matsu) von Mitsuno Riken. Mondförmiges Eisengefäß. Der Verfasser, Begründer der Genji-Koryû-Schule, stellt hier einen Landschaftsausschnitt an der japanischen Küste dar, mit einer gekrümmten, alten und moosbewachsenen Kiefer im Mondschein. Farbdruck in: Nishikawa Seika (Komp./Hg.), Gendai sôka zushû. Daini-shû, Vol. 2, Ôsaka 1936, Abb. 21 (Kat.Nr. 32-1936).

Nr. 31-1934
Ohara Kôun (Hg.)
Shiki no moribana sashikata
(Moribana-Anordnungen nach Jahreszeiten), 4 Vols.
Ôsaka 1928-1942; hier: Vol. 4 (Winter) Ôsaka Rikugôken 1934

Lehrbuch des Ikebana in Schalen, geordnet nach den vier Jahreszeiten. Erstausgabe. Einband mit Pflaumenblüten-Muster, vierfach gelocht, mit Band durchzogen. Die Pflaume (ume), deren Blüten sich im Winter vor den Blättern entfalten, gilt in Ostasien als Künder des Frühlings.

Nr. 32-1936
Nishikawa Seika (Komp./Hg.)
Gendai sôka zushû. Daini-shû
(Gesammelte Zeichnungen zum Ikebana der Gegenwart), 4 Vols.
Ôsaka: Kanokansha 1936; hier: Vol. 2
Englischer Untertitel: Representative Flower Arrangements of Present-Day Japan

Ikebana von Meistern verschiedener Schulen in fünfzig Farbdrucken mit Erläuterungen zu den einzelnen Illustrationen.
Erstausgabe in Brokateinband mit Schuber. Leporello-Faltung mit 52 Doppelseiten. Seltene Schrift. Eine englische Fassung von Murakami Kasuke erschien 1936.

Nr. 33-1937
Kumagai Hasshuku
Ikenobô shôka gakushûchô. Chûtôka
(Lehrbuch zum Shôka der Ikenobô. Mittelstufe)
Kyôto: Dai-Nippon kadô gakuin (Groß-Japanische Ikebana-Akademie) 1937

Lehrbuch der Ikenobô-Akademie zum Ikebana im Shôka-Stil.
Erstausgabe.

Abb. 7: Sommerliches Ikebana mit Nelken (kânêshon) und Afrikanischen Lilien (agapansasu) von Yoshida Hôkô. Bronzevase mit zwei Ringen. Künstlerstempel: Hôkô. Farbige Tuschzeichnung in: Yoshida Hôkô, Sôka shiki no kagami, Kyôto 1939 (Kat.Nr. 34-1939).

Nr. 34-1939
Yoshida Hôkô
Sôka shiki no kagami
(Spiegel der Jahreszeiten im Ikebana)
Kyôto 1939

Beidseitig illustriertes Faltbuch mit farbigen Tuschzeichnungen des Begründers der Ko'ikenobô-onryû-Schule, Nara. Dazu Erläuterungen, Signatur und Künstlerstempel des "General Manager of Floral Arrangement" (Sôkamu) Yoshida Hôkô.
Tadellos erhaltenes Skizzenbuch in Brokateinband. Alle vier Seiten mit Goldschnitt. Aufwendiger Brokat-Klappschuber mit Elfenbeinknebeln.
Die etwa in den frühen dreißiger Jahren im Nonnenkloster Hokke-ji begründete Ikebana-Schule wurde nach 1945 in Ko'ike-onryû umbenannt. Yoshida Hôkô führt ihre Ursprünge auf die Nara-Zeit (710-784) zurück, als Kômyô, Hauptgemahlin (kôgô) des 45. Kaisers Shômu (701-756; reg. 724-749) parallel zur Klostergründung die Seikan-dô-Halle im Palast errichten ließ, um dort die Blumenkunst zu üben. Die auch als Ko'ikenobô bekannte Stätte diente als geistige Inspiration für die gleichnamigen Lehre, die innerhalb von siebenundvierzig Genrationen enwickelt wurde. Der Name "onryû" (erhabene Schule) bezieht sich auf die kaiserliche Tradition.

Nr. 35/Shôwa
Yoshida Hôkô
Hana no kagami. Keishin kaori
(Blumenspiegel. Duft des reinen Herzens), 2 Vols.
o.O. (Nara) o.J. (1930er Jahre)

Ikebana-Zeichnungen der Ko'ikenobô-onryû-Schule, ausgeführt in monochromer Tusche und zarten Farben. Zu jedem Arrangement Erläuterungen in kalligraphischer Schrift, Signatur und Künstlerstempel.

Nr. 36-1940
Yoshida Hôkô
Sôka shiki no kaori
(Duft der Jahreszeiten im Ikebana)
Kyôto 1940

Beidseitig illustriertes Faltbuch mit farbigenTuschzeichnungen des Begründers der Ko'ikenobô-onryû-Schule, Nara. Dazu Erläuterungen, Signatur und Künstlerstempel des "General Manager of Floral Arrangement" (Sôkamu) Yoshida Hôkô.
Tadellos erhaltenes Skizzenbuch in Brokateinband. Alle vier Seiten mit Goldschnitt. Aufwendiger Brokat-Klappschuber mit Elfenbeinknebeln.

Nr. 37-(1940)
Tsuchida Hakuyô (Hg./Fotogr.)
Ohara-ryû dai-sansei Iemoto Rikugôken Hôun sensei. Sôka-shû. Shôwa jûgonen jû'ichigatsu nijûkunichi kôki nisenroppyaku nen hôshuku-ka. Tsuizen sôka shinsaku happyô
(Gesammelte Ikebana-Arrangements des 3. Headmasters der Ohara-Schule, Meister Hôun Rikugôken. Festliche Blumenanordnungen anläßlich der 2.600-Jahrfeier der Kaiserlichen Dynastie am 29.11.1940 mit Präsentation neuer Ikebana-Kreationen zur buddhistischen Gedenkfeierlichkeit)
Ôsaka, o.J. (1940)

Der mythische erste Kaiser Japans, Jimmu-tennô, bestieg als Nachfahre der Sonnengöttin Amaterasu in Kashihara, Nara-Präfektur, den Thron (660 v. Chr.) und begründete damit das japanische Reich.
Ausstellungskatalog mit zwanzig herbstlichen Ikebana des 3. Headmaster (Iemoto) der Ohara-Schule, Ohara Hôun (1904-1995) und seinen Schülern im Kunstklub zu Ôsaka (Ôsaka bijutsu kurabu). Schwarzweißaufnahmen der Ikebana mit ergänzenden Erläuterungen. Erstausgabe mit Brokatumschlag. Vierfach gelocht, mit Seidenband durchzogen. Blätter doppelseitig. Seltener Katalog.
Ohara Hôun entwickelte das avantgardistische Ikebana (zen'ei-ikebana), Rinpa (rinpachô-ikebana), Bunjin (bunjinchô-ikebana) und die Ohara-Grundformen.

Nr. 38-1942
Shôhôji Shûho (Hg.)
Ikenobô ôyôbana
(Ikebana-Grundformen der Ikenobô-Akademie)
Kyôto: Dai-Nippon kadô gakuin (Groß-Japanische Ikebana-Akademie) 1936; hier: 2. Aufl., Kyôto 1942

Fünfunddreißig Farbdrucke von Nage'ire und Moribana-Anordnungen (Landschafts-Arrangements) mit ausführlichen Beschreibungen der einzelnen Ikebana.
Album, Leporello-Faltung mit 31 Doppelseiten, Brokateinband.

Nr. 39-1942
Tsuchida Hakuyô (Hg./Fotogr.)
Ohara-ryû sansei Iemoto Rikugôken Hôun sensei saku. Manyô ni kisuru sôka. Aki no maki
(Ikebana nach dem Manyôshû vom 3. Headmaster der Ohara-Schule, Meister Hôun Rikugôken. Buch vom Herbst), 2 Vols. (Sommer/Herbst)
Ôsaka o.J. (1942); hier: Vol. 2

Katalog zur Einzelausstellung des 3. Headmasters (Iemoto) der Ohara-Schule, Ohara Hôun, im Daimaru-Kaufhaus, Ôsaka (6. - 8.10.1942). Thema: Ikebana nach dem Manyôshû, der ältesten Gedichtsammlung Japans (8. Jh.).
Erstausgabe. Rikugôken, ein Künstlername von Ohara Kôun, wurde nach dessen Tod von seinem Sohn Hôun weitergeführt.

Nr. 40-(1943)
Tsuchida Hakuyô (Hg./Fotogr.)
Ohara-ryû dai-sansei Iemoto Rikugôken Hôun sensei rikisaku. Shôwa jûkunen geishun sôka-shû
(Gesammelte Ikebana-Arrangements zum neuen Jahr 1949 vom 3. Headmaster der Ohara-Schule, Meister Hôun Rikugôken)
Ôsaka o.J. (1943)

Katalog zur Einzelausstellung des 3. Headmasters (Iemoto) der Ohara-Schule, Ohara Hôun (1908-1995) im Kunstklub zu Ôsaka (Ôsaka bijutsu kurabu) am 2. Dez. 1942.
Erstausgabe.

Nr. 41-1949
Hasegawa Kikushû
Saga-ryû moribana heika sakuhin-shû
(Sammlung von Werken der Saga-Schule im Moribana- und Heika-Stil)
Kyôto: Nippon kadô gakuin shuppanbu (Redaktion der Japanischen Ikebana-Akademie) 1949

Bildband mit Schwarzweißaufnahmen von Blumenarrangements in Schalen und Vasen der Saga-Schule, Kyôto. Auf dem Titelblatt Tuschzeichnung mit Ikebana.
Erstausgabe.

Nr. 42-1950
Ohara Hôun
Ohara-ryû moribana heika no ikekata
(Moribana- und Heika- Anordnungen der Ohara-Schule)
Tôkyô: Shufunotomosha 1943; hier: 6. Auflage, Tôkyô 1951

Lehrbuch der Ohara-Schule mit diversen Anordnungsvorschriften für klassische und moderne Ikebana, verfaßt vom 3. Headmaster (Iemoto) der Ohara-Schule Ohara Hôun.
Veröffentlichung mit Schuber.

Nr. 43-1950
Kudô Masanobu u.a. (Hg.)
Ohara-ryû sôka. Hôun sakuhin-shû
(Ikebana der Ohara-Schule. Die gesammelten Werke des Ohara Hôun)
Tôkyô 1950

Querschnitt durch das Werk des 3. Headmaster (Iemoto) der Ohara-Schule.
Erstausgabe mit Schuber.

Nr. 44/Shôwa
Kadô sôshisho (Hg.)
Kyû Saga-gosho moribana heika. Hôô no maki. Junkaiden
(Heika- und Moribana-Anordnungen der Saga-Schule aus der ehemaligen kaiserlichen Residenz zu Saga. Phönix-Band. Außerordentliche Einführung), Vol. 1
Kyôto: Kyû Saga-gosho kadô sôshisho 1933; hier: o.O. (Kyôto) o.J.

Erläuterung zum Aufbau und Inhalt der Ikebana-Reihe aus der Saga-Schule, Kyôto. Die Saga-Schule liegt auf dem Gelände des ehemaligen Palastes von Kaiser Saga (52. tennô von 809-823).
Späte Ausgabe aus der Shôwa-Zeit (1926-1989), hier aus den Fünfziger Jahren, verfaßt und herausgegeben in vier Bänden vom Hauptsitz der Saga-Schule im Tempel Daikaku-ji, Kyôto, gebunden nach traditioneller japanischer Art. Mit einem Phönixpaar geschmückter Einband.

Nr. 45/Shôwa
Kadô sôshisho (Hg.)
Kyû Saga-gosho moribana heika. Take no maki. Shoden
(Heika- und Moribana-Anordnungen der Saga-Schule aus der ehemaligen kaiserlichen Residenz zu Saga. Bambus-Band. Erste Aufzeichnung), Vol. 2
Kyôto: Kyû Saga-gosho kadô sôshisho 1933; hier: o.O. (Kyôto) o.J.

Zum Wesen, zur Technik, Ästhetik und zum Pflanzenmaterial des Ikebana in Schalen und Vasen der Saga-Schule.
Späte Ausgabe aus der Shôwa-Zeit (1926-1989), hier aus den 1950er Jahren, verfaßt und herausgegeben in vier Bänden vom Hauptsitz der Saga-Schule im Tempel Daitoku-ji, Kyôto, gebunden nach traditioneller japanischer Art. Umschlag mit Bambus-Dekor und Glimmer. Die Erstausgabe (1931) war mit Brokateinband ausgestattet.

Nr. 46/Shôwa
Kadô sôshisho (Hg.)
Kyû Saga-gosho moribana heika. Kiri no maki. Chûden
(Heika- und Moribana-Anordnungen der Saga-Schule aus der ehemaligen kaiserlichen Residenz zu Saga. Paulownia-Band. Mittlere Aufzeichnung), Vol. 3
Kyôto: Kyû Saga-gosho kadô sôshisho 1933; hier: o.O. (Kyôto) o.J.

Zur Theorie des Ikebana, zu Anordnungen im Landschafts-Stil und zum Ikebana nach Jahreszeiten der Saga-Schule.
Späte Ausgabe aus der Shôwa-Zeit (1926-1989), hier aus den Fünfziger Jahren, verfaßt und herausgegeben in vier Bänden vom Hauptsitz der Saga-Schule im Tempel Daitoku-ji, Kyôto, gebunden nach traditioneller japanischer Art. Umschlag mit Paulownia-Motiven und Glimmer.

Nr. 47/Shôwa
Kadô sôshisho (Hg.)
Kyû Saga-gosho bunjinbana. Kiku no maki. Okuden
(Literati-Ikebana der Saga-Schule aus der ehemaligen kaiserlichen Residenz zu Saga. Chrysanthemen-Band. Letzte Aufzeichnung), Vol. 4
Kyôto: Kyû Saga-gosho kadô sôshisho 1933; hier: o.O. (Kyôto) o.J.

Zur Technik, Ästhetik und zu den verschiedenen Anordnungsformen des Literati-Ikebana (bunjinbana) der Saga-Schule.
Späte Ausgabe aus der Shôwa-Zeit (1926-1989), hier aus den Fünfziger Jahren, verfaßt und herausgegeben in vier Bänden vom Hauptsitz der Saga-Schule im Tempel Daitoku-ji, gebunden nach traditioneller japanischer Art. Einband mit Chrysanthemenblüten-Muster und Glimmer.

Nr. 48-1966
Ohara Hôun
Ohara-ryû no hana
(Die Blumen der Ohara-Schule)
Tôkyô: Shufugahôsha 1966

Ikebana nach Jahreszeiten, Avantgarde-Ikebana und einzelne Ikebana-Formen der Ohara-Schule.
Erstausgabe. Veröffentlichung mit Schuber.

Nr. 49-1966
Ohara Hôun
Ohara-ryû ikebana
(Zum Ikebana der Ohara-Schule)
Tôkyô: Shufunotomosha 1961; hier: 56. Aufl., Tôkyô 1966

Dokushû shirîzu (Material zum Selbststudium)

Nr. 50-1966
Teshigahara Sôfû
Sôfû no hana
(Die Blumen des Sôfû)
Tôkyô: Shufunotomosha 1966

Bildband mit selten veröffentlichten Ikebana-Arrangements des Verfassers.
Erstausgabe.
Teshigahara Sôfû (1900-1979), Begründer der Sôgetsu-Schule (1927) in Aoyama, Tôkyô, galt neben Ikenobô Sen'ei und Ohara Hôun als einer der drei bedeutendsten Ikebana-Meister unseres Jahrhunderts. Internationale Popularität erlangte er durch seinen avantgardistischen Stil, auch "Sôfû-Kunst" (Sôfû zôka) benannt. Die Sôgetsu-Schule wird seit 1980 in dritter Generation von Sôfûs ältestem Sohn Hiroshi (geb. 1927) geleitet. Der 3. Iemoto machte sich zuvor besonders als Regisseur ("Woman in the Dunes") und Keramiker einen Namen.

Nr. 51-1966
Mizuo Hiroshi
Ikebana. Hana no dentô to bunka
(Ikebana. Kultur und Tradition des japanischen Blumenarrangements)
Tôkyô: Bijutsu shuppansha 1966

Reich illustrierte Kulturgeschichte des Ikebana.
Erstausgabe mit Schuber. Folioband.

Nr. 52-1967
Ohara Hôun
Nihon no hana
(Die Blumen Japans)
Tôkyô: Shufunotomosha 1967

Darstellung der für die japanische Blumenkunst wichtigen Pflanzen auf der Grundlage von Ikebana.
Erstausgabe mit Schuber. Eines der Hauptwerke des Verfassers.

Nr. 53-1967
Yamamoto Jôzan
Hana no kokoro. Nara Enshô-ji amamonseki to ikebana
(Die Seele der Blumen. Das Nonnenkloster Enshô-ji in Nara und die japanische Blumenkunst)
Tôkyô: Shufunotomosha 1967

Zur Ästhetik der Yamamura-goryû-Schule, verfaßt von der verstorbenen 10. Oberpriesterin und Headmistress (Iemoto).
Erstausgabe mit Schuber.
Die in Kyôto als jüngste Tochter des Viscount Yamamoto Saneyasu geborene Jôzan trat 1921 in den Enshô-ji ein, wo sie von Prinzessin Fushimi und der damaligen Äbtissin Konoe Shûzan im Buddhismus und der Blumenkunst unterwiesen wurde. Als 10. Äbtissin des Enshô-ji und Headmistress der Yamamura-goryû-Schule leitete Yamamura Jôzan seit 1939 das Kloster.
Der von Prinzessin Umenomiya Bunchi, älteste Tochter des 108. tennô Go-Mizunoo (reg. 1611-1629), im Jahre 1640 in Kyôto gestiftete Enshô-ji wurde 1656 an seinen gegenwärtigen Ort im Yamamura-Gebiet zu Nara verlegt. Die sechste Äbtissin Saihôshin-in, Prinzessin Fushimi Bunshû, begründete die heutige Blumenlehre, die seit dieser Zeit im Enshô-ji unterrichtet wird. Inspiriert durch die ländliche Umgebung in den Hügeln von Nara, werden wilde Pflanzen nach der Natur in klassischen und antiken Gefäßen arrangiert, um das Wesen einer schlichten Blume auf dem Felde darzustellen. Die Bezeichnung "goryû" (erhabene Schule) steht in Verbindung zur engen Beziehung mit dem Kaiserhaus, da stets ein Mitglied der Hofaristokratie als Äbtissin den Enshô-ji zu leiten hatte. Der Enshô-ji ist neben dem Hokke-ji und Chûgû-ji eines der drei Nonnenklöster von Nara.

Nr. 54-1968
Ohara Hôun
Ohara-ryû mizumono no tebiki
(Einführung in das Ikebana mit Wasserpflanzen der Ohara-Schule)
Tôkyô: Zaidan hôjin Ohara-ryû shuppanjigyôbu (Redaktion der Ohara-Stiftung) 1968

In Schalen angeordnete Ikebana mit unterschiedlichem Pflanzenmaterial: Landschaften im Fühling, Sommer und Herbst sowie Ikebana im Rinpa-Stil.
Erstausgabe.

Nr. 55-1969
Ohara Hôun
(Ohara Hôun)
Tôkyô: Kôdansha 1969

Ikebana und Installationen an berühmten Naturschauplätzen und unter Einbeziehung japanischen Kunstschätze.
Erstausgabe mit kostbarem Schuber in Textileinband. Eines der Hauptwerke von Ohara Hôun in prächtiger Ausstattung. Persönliche Widmung des Verfassers und Künstlersiegel.

Nr. 56-1969
Ohara Hôun (Hg.)
Bunjin shumi to hana. Bunjinchô ikebana no tebiki
(Die Ästhetik der Literati und die Blumen. Eine Einführung in das Ikebana im Literati-Stil)
Tôkyô: Zaidan hôjin Ohara-ryû shuppanjigyôbu (Redaktion der Ohara-Stiftung) 1969; hier: 2. Auflage, Tôkyô 1970

Literati-Bewegung im alten China, Südliche Song-Dynastie (1127-1279), und Einfluß in Japan, Edo-Zeit (18.-19. Jh.). Entwicklung eines eigenen Literati-Stils im Ikebana durch Ohara Hôun nach historischen Vorbildern aus der chinesischen und japanischen Malerei.
Vorwort: Ohara Hôun. Text: Ohara Hôun, Nakata Yûjirô, Yoshizawa Tadashi, Kudô Masanobu u.a.

Abb. 8: Bunjin /Literati-Ikebana (bunjinchô-ikebana) von Ohara Hôun. Gefäß: japanische Porzellanschale, bemalt in Unterglasur-Blau (sometsuke) mit Chrysanthemen (kiku). Material: Taglilie (wasuregusa), Kaki /lat. Diospyros L. Aus: Ohara Hôun, Tôkyô 1969, S. 163 (Kat.Nr. 55-1969).

Nr. 57-1971
Teshigahara Sôfû
Hana
(Blumen)
Tôkyô: Sanseidô 1971

Folioband in prächtiger Ausführung mit modernen bis avantgardistischen Ikebana vor japanischen Kunstschätzen.
Erstausgabe mit kostbarem Schuber in Textileinband.

Nr. 58-1975
Ohara Hôun
Ohara-ryû ikebana no genryû. Unshin, Kôun meisaku-shû
(Zum Ursprung des Ikebana der Ohara-Schule. Gesammelte Meisterwerke von Ohara Unshin und Ohara Kôun)
Tôkyô: Zaidan hôjin Ohara-ryû shuppanjigyôbu (Redaktion der Ohara-Stiftung) 1975

Geschichte der Ohara-Schule, illustriert anhand von Schwarzweißaufnahmen mit Ikebana der beiden ersten Headmaster (Iemoto) Ohara Unshin und Ohara Kôun.
Erstausgabe.

Nr. 59-1981
Goshima Tai'un
Genju. Goshima Tai'un sakuin-shû
(Dunkler Baum. Die gesammelten Werke des Goshima Tai'un)
Tôkyô: Ohara-ryû bunkajigyôbu (Abteilung für Kultur der Ohara-Stiftung) 1981
Vorwort: Ohara Hôun

Veröffentlichung nach dem Tode von Goshima, einem der großen Ikebana-Meister der Ohara-Schule. Der Titel "Genju" bedeutet auch "Alter Baum", im übertragenen Sinne "Der eigene Weg".
Erstausgabe. Folioband mit Schuber.

Abb. 9: Freie Form (jiyûbana) von Teshigahara Sôfû. Gefäß: Hoher Topf aus der Mittleren Jômon-Zeit (ca. 3.000 v. Chr.) mit eingedrückten, plastischen und durchbrochenen Ornamenten sowie Relief-Dekor. Handgeformte Ton- oder Irdenware. Material: Chrysanthemen (kiku), Pflaume (ume), Kiefer (matsu) Aus: Teshigahara Sôfû, Hana, Tôkyô 1971, S. 80 (Kat.Nr. 57-1971).

Nr. 60-1983
Ohara Natsuki
Shichû karo
(Ikebana entlang der Seidenstraße)
Tôkyô: Shufunotomosha 1983

Bildband über die Reise des designierten Headmasters der Ohara Schule, Ohara Natsuki (1949-1992), auf den Spuren der alten Seidenstraßen durch die westlichen Regionen Chinas (1983). Aufnahmen seiner Arbeiten an den verschiedenen historischen Stätten rund um das Tarim-Becken (Höhlentempel von Dunhuang etc.) und in der freien Natur.
Erstausgabe mit Schuber. Folioband.
Seidenstraßen (chin. sizhou-zhi-lu; jap. kinu no michi) ist der Name für die etwa 9.000 km langen Karawanenwege, die in ihrer Blütezeit von der Westlichen Han-Dynastie (206 v.Chr.-220 n.Chr.) bis zur Tang-Dynastie (618-906) Ostasien mit dem Mittelmeerraum verbanden. Ihre im Verlauf unterschiedlichen drei Arme, die Oasenroute, die Steppenroute und die Südmeerroute, erstreckten sich zwischen den beiden Endpunkten: im Osten die chinesische Hauptstadt Changan, nordwestlich des heutigen Xian/Shaanxi und im Westen Rom, später zwischen Luoyang und Byzanz (Konstantinopel). Als wichtigste Verkehrs- und Handelswege waren sie zugleich eine Brücke zwischen der östlichen und westlichen Zivilisation, über die es einer grundlegenden Vermittlung von östlicher und westlicher Kultur kam. Als östlichste Zielstation wird auch die damalige japanische Hauptstadt Nara (710-784) angesehen, so daß Wurzeln der japanischen Kultur in den zentralasiatischen Oasenstädten und Handelsknotenpunkten auf dem Eurasischen Kontinent zu suchen sind.

Nr. 61-1986
Ohara Hôun
Ohara Hôun sakuhin-shû. Hana mandara
(Blumen-Mandala. Die gesammelten Werke des Ohara Hôun)
Tôkyô: Shufunotomosha 1986

Ikebana an berühmten buddhistischen Stätten in Ostasien (Java, Bali, Yunnan/China, Kyongju/Korea).
Erstausgabe mit Schuber. Folioband. Mit persönlicher Widmung des Verfassers und Künstlerstempel.

Nr. 62-1991
Kuwahara Senkei, Kuwahara Motoko
Hana futari. Kyôto ikebana no shiki
(Ikebana zu Zweit. Die vier Jahreszeiten im Ikebana von Kyôto)
Tôkyô: Fujingahô-sha 1991

Bildband mit klassischen und moderen Ikebana-Arrangements des 14. Headmaster (Iemoto) der Kuwahara Senkei-Schule, aufgenommen im Verlauf eines Jahres an berühmten Stätten von Kyôto.
Erstausgabe. - Die vom Rikka-Experten Kuwahara Senkei in der Genroku-Ära (1688-1704) begründete gleichnamige Ikebana-Schule wird seit 1981 in der 14. Generation fortgeführt.

Nr. 63-1992
Ohara Natsuki kinen shuppan kankô iinkai (Hg.)
Ohara Natsuki. Sono shigoto no subete
(Zum Gesamtwerk von Ohara Natsuki)
Tôkyô 1992

Gedenkband zur Erinnerung an den am 13. Jan. im Alter von 42 Jahren verstorbenen Ohara Natsuki (1949-1992), einziger Sohn des 3. Headmasters Hôun, seit 1975 Vize-Headmaster (Fuku-Iemoto) und nach dem Tode seines Vaters (1995) post mortal ernannter 4. Headmaster (Iemoto) der Ohara-Schule. Parallel dazu wurde sein Sohn Hiroki (geb. 26. März 1988) im Alter von 6 Jahren zum 5. Headmaster nominiert. - Natsuki schuf zwei neue Ikebana-Formen: Hanama'i/ Blumentanz (1985) und Hana'ishô/Blumendesign (1991).
Folioband mit Schuber. Erstausgabe.

Abb. 10: Hanama'i/Blumentanz von Ohara Natsuki (1988). Gefäß: Keramikschale von Mizuno Sanezumi. Material: Hortensien (ajisai), Magnolien (mokuren). Aus: Ohara Natsuki kinen shuppan kankô iinkai (Hg.), Ohara Natsuki. Sono shigoto no subete, Tôkyô 1992, S. 19 (Kat.Nr. 63-1992).

Nr. 64-1995
Ohara-ryû kenkyûin (Hg):
Moribana hyakusen. Ohara-ryû sôryû hyakushûnen kinen
(Einhundert ausgewählte Moribana-Arrangements zum einhundertjährigen Jubiläum der Ohara-Schule)
Tôkyô: Zaidan hôjin Ohara-ryû shuppanjigyôbu (Redaktion der Ohara-Stiftung) 1995

Prachtband mit Farbaufnahmen von Ikebana nach Jahreszeiten, arrangiert von den drei Headmaster der Ohara-Schule sowie dem ehemaligen Vize-Headmaster und späteren 4. Headmaster (posthum) Ohara Natsuki. Herausgeber: Ohara-Studiengremium unter Leitung von Kudô Kazuhiko. Vorwort: Ohara Hôun. Text: Kudô Masanobu und Kudô Kazuhiko.
Erstausgabe mit Schuber. Folio/Halbbogengröße.

Nr. 65-1996
Ohara Hôun
Genka junreki. Ohara Hôun isakushû
(Reise ins Ikebana der Phantasie. Sammlung hinterlassener Werke des Ohara Hôun)
Tôkyô: Shufunotomosha 1996

Gedenkband zur Erinnerung an den am 18. März 1995 im Alter von 86 Jahren verstorbenen 3. Headmaster (Iemoto) der Ohara-Schule mit bislang unveröffentlichten Aufnahmen seiner Arbeiten, einschließlich einiger bereits bekannter Werke. Dazu Beiträge zum Lebenslauf und Werdegang des Meisters von Yusui Kôhei. Vorwort: Ohara Wakako, geschäftsführende Headmistress der Ohara-Schule (Iemoto daikô).
Erstausgabe. Folioband mit Schuber/Halbbogengröße.

Abb. 11: Farbholzschnitt mit klassischen Ikebana der Ikenobô-Akademie, dargestellt nach J. Conder. Vorderdeckel von: Josiah Conder, The Flowers of Japan and the Art of Floral Arrangement. With illustrations by Japanese Artists. Tôkyô u.s.w. 1891 (Kat.Nr. 67-1891).

2. Literatur in westlichen Sprachen

2.1 Literatur der Meiji-Zeit (1868-1912)

Nr. 66-1889
Conder, Josiah F.R.I.B.A
The Theory of Japanese Flower Arrangements
In: Transactions of The Asiatic Society of Japan, Vol. 17, Tôkyô 1889, S. 1-96, nebst Anhang (Tafel 27-68)

Wohl erste Veröffentlichung über Ikebana in einer westlichen Sprache. Der Brite Condor (1852-1920) gilt als einer der größten ausländischen Architekten, die in Japan zur Meiji-Zeit (1868-1912) wirkten. Darüberhinaus beschäftigte er sich auch mit japanischer Kunst. Eine erweiterte Buchausgabe des Textes erschien 1935.

Nr. 67-1891
Conder, Josiah F.R.I.B.A.
The Flowers of Japan and the Art of Floral Arrangement. By Josiah Conder, Professor of Architecture, and Architect to the Imperial Japanese Government. With illustrations by Japanese Artists.
Tôkyô: Hakubunsha, Ginza; Yokohama, Shanghai, Hongkong and Singapore: Kelly and Walsh 1891

Reich mit farbigen Holzschnitten des berühmten Taisô Yoshitoshi (1839-1892) und Skizzen illustriertes, umfassendes Werk zur Geschichte der japanischen Blumenkunst und den gebräuchlichen Blumen, zur Form und Technik sowie zu den Gefäßtypen des taditionellen Ikebana etc. (Vgl. Taiso Yoshitoshi. Ein Holzschnittmeister an der Schwelle zur Neuzeit, Köln, Ausstellung im Museum für Ostasiatische Kunst, Hahnentorburg, 24. Juli bis 17. Oktober 1971, o.J., S. 58)
Erstausgabe in handgearbeiteter Spezialkassette mit Rindslederrücken. Vierfach gelocht, mit Seidenband durchzogen. Ältestes Buch in einer westlichen Sprache zum Thema Ikebana. Standardwerk, von dem weitere Auflagen verbreitet wurden.

Abb. 12: Nage'ire mit Hortensien (ajisai) von Oshikawa Josui, Shôfû-Schule. Gefäß: Steinzeugvase mit blauer Glasur. Farbdruck in: Oshikawa Josui, Hazel H. Gorham, Manual of Japanese Flower Arrangement, Tôkyô 1936, ohne Paginierung (S. 295) (Kat.Nr. 70-1936).

Nr. 68-1928
Prenzel, Willi
Kwadô. Japanische Blumenlehre. Der Blumen Köstlichkeit. Blumenspiegel.
Leipzig: Asia Major 1928

Lehrbuch des klassischen Ikebana mit zahlreichen Skizzen, verfaßt vom ersten europäischen Lehrer der Ikenobô-Akademie.
Erstausgabe. Wohl erstes deutsches Buch über Ikebana.

Nr. 69-1935
Conder, Josiah F.R.I.B.A.
The Theory of Japanese Flower Arrangements
Kôbe: Thompson & Co.1935

Geschichte und Ästhetik der klassischen Schulen des Ikebana. Anhang mit 35 farbigen Tafeln (moderne Ikenobô- und Moribana-Anordnungen).
Erstausgabe. Dieser Buchausgabe liegt ein Vortrag des Verfassers bei der Asiatischen Gesellschaft Japans (The Asiatic Society of Japan) am 13. März 1889 zu Grunde (Abdruck des Vortrages in: Transactions of The Asiatic Society of Japan, Tôkyô 1889, Vol. 17).

Nr. 70-1936
Oshikawa Josui, Hazel H. Gorham
Manual of Japanese Flower Arrangement
Tôkyô: Nippon Bunka Renmei (The Nippon Cultural Federation) 1936

Geschichte und Technik des Ikebana sowie Bedeutung der japanischen Blumen. Einführung in das klassische (Ikenobô-Akademie) und in das zeitgenössische Ikebana (Shôfû-Schule). Oshikawa Josui, Begründerin und Headmistress (Iemoto) der Shôfû-Schule, Tôkyô, vertrat die moderne Richtung des Blumenarrangements für das westlichen Haus.
Erstausgabe in kunstvoller Ausführung mit Schuber. Viele Illustrationen (Farbholzschnitte, Farbdrucke, Schwarzweißaufnahmen und Skizzen). Standardwerk, von dem weitere Auflagen verbreitet wurden.

Nr. 71-1936
Murakami Kasuke (ed.)
Selected Flower Arrangements of Moribana & Heikwa
Ôsaka: Shugakukan o.J. (1936)

Fünfzig Farbdrucke von Blumenanordnungen in Schalen und Vasen der verschiedenen Ikebana-Schulen mit Erläuterungen in Englisch.
Erstausgabe mit Schuber. Album mit Brokateinband. Leporello-Faltung mit 53 Doppelseiten. Englische Version der japanischen Fassung von Nishikawa Seika (1936). Seltenes Werk in guter Erhaltung.

Nr. 72-1938
Nishikawa Issôtei
Floral Art of Japan
Tôkyô. Board of Tourist Industry, Japanese Government Railways 1936; hier: 2. Aufl. 1938
(Tourist Library 11)

Geschichte des Ikebana.
Seltene frühe Veröffentlichung in Englisch. Eine erweiterte Auflage erschien 1952.

Nr. 73-1940
Tsujii Kôshû
The Mastery of Japanese Flower Arrangement
Kyôto: Kyû Saga-Gosho Kwadô Sôshisho 1940

Lehrbuch der Saga-Schule mit zahlreichen Farbaufnahmen, Schwarzweißfotos und Skizzen.
Erstausgabe. Eines der frühen englischen Ikebanabücher. Standardwerk.

Nr. 74-1952
Nishikawa Issôtei
Floral Art of Japan
Tôkyô: Board of Tourist Industry, Japanese Government Railways 1936; hier: 5. Aufl. Tôkyô: Japan Travel Bureau 1952
(Tourist Library 1)

Geschichte des Ikebana.
Veröffentlichung des Japan Travel Bureau Tôkyô in erweiterter Fassung (s. 2. Auflage 1938).

Nr. 75-1952
Ohara Hôun
Flower Arrangements of the Ohara School. New Edtition, Vol.1
Kyôto: Mitsuhana and Company 1952

Repräsentativer Querschnitt durch die unterschiedlichen Anordnungsformen der Ohara-Schule, illustriert durch vierundzwanzig Farbdrucke.
Erstausgabe mit Kassette und persönlicher Widmung des Verfassers. Album, Leporello-Faltung mit 27 Doppelseiten. Textileinband. Seltene englischsprachige Ausgabe in erstklassiger Ausführung.

Nr. 76-1952
Ohara Hôun
Handbook for The Ohara School Flower Arrangements
Kyôto: Mitsuhana 1952

Kleine Einführung in das Ikebana der Ohara-Schule.
Broschüre. Erstausgabe.

Nr. 77-1952
Mizusawa Sumio
Ikebana by Sôfû Teshigahara. Sôfû Teshigahara - His Life and Art
Tôkyô: Sôgetsukai 1952

Zu Leben und Werk des Begründers der Sôgetsu-Schule mit Sitz in Akasaka, Tôkyô.
Erstausgabe. Folioband mit Schuber. Zentrales Werk der 1926 gegründeten Sôgetsu-Schule.

Nr. 78-1952
Koehn, Alfred
Japanese Floral Arts. Flower Arrangements, Tray Landscapes, Gardens
Tôkyô: At the Lotus Court 1955

Zu den verschiedenen Ikebana-Stilen und Blumengefäßen.
Vierfach gelocht, mit einem Band durchzogen. Erstausgabe mit Schuber.

Nr. 79-1962
Ohara Hôun
Ohara School
Tôkyô: Shufunotomo 1962
(Best of Ikebana 2)

Darstellung zur Geschichte, Bedeutung und zu den unterschiedlichen Stilrichtungen der Ohara-Schule.
Erstausgabe. Eines der Hauptwerke des Verfassers.

Nr. 80-1962
Teshigahara Sôfû
Sogetsu School
Tôkyô: Shufunotomo 1962
(Best of Ikebana 1)

Übersicht zur Sôgetsu-Schule.
Erstausgabe.

Nr. 81-1962
Ikenobô Sen'ei
Ikenobo School
Tôkyô: Shufunotomo 1962
(Best of Ikebana 3)

Übersicht zur Ikenobô-Akademie.
Erstausgabe.

Nr. 82-1968
Richie, Donald u.a. (Hg.)
Ikebana. Die Japanische Blumenkunst
München u.a.: Bayerischer Landwirtschaftsverlag 1968

Geschichte des Ikebana und Ikebana der Gegenwart. Vorwort vom japanischen Botschafter Uchida Fujio. Mit Beiträgen der Headmaster von Japans drei größten Ikebana-Schulen.
Deutsche Erstausgabe in einer Auflage von 950 Exemplaren. Japanischer Originaltitel: Ikebana. Nihon ni okeru hana no geijutsu (Zur Kunst der Blumenanordnung in Japan. Ikebana), Tôkyô 1966.
Handgebunder Folioband in Shandong-Leder mit seidenbezogenem Schuber.

Nr. 83/Shôwa
Satô Shôzô
The Art of Arranging Flowers. A Complete Guide to Japanese Ikebana
New York: Abrams o.J. (wohl 1960er Jahre)

Prachtband zur Geschichte des Ikebana, den Geräten, der Technik mit anschließendem praktischen Übungsteil.

Abb. 13: "Elementary Style D" der Ohara-Schule von Hildegard Hôka Wittig. Gefäß: ovale Keramikschale der Ohara-Schule in monochromer Glasur. Material: Stockesia/lat. stocesia lalvis, Salaomonsiegel (narukoyuri) und Jasmin (sokei). Umschlagtitel von: Hildegard Wittig und Horst E. Wittig, Ikebana. Die japanische Kunst des Blumensteckens, München 1983 (Kat.Nr. 85-1983).

Nr. 84-1970
Ohara Hôun
Ikebana: The Creative Tradition
Tôkyô u.a.: Kôdansha 1970

Repräsentative Blumenanordnungen des 3. Headmaster der Ohara-Schule an berühmten Stätten Japans und vor Kulturdenkmälern.
Erstausgabe mit Original-Siegel des Verfassers. Zentrales Werk der Ohara-Schule. Folioband.

Nr. 85-1983
Wittig, Hildegard und Horst E. Wittig
Ikebana. Die japanische Kunst des Blumensteckens. Originalausgabe.
München: Heyne 1983
(Heyne-Buch Nr. 08/4861)

Lehrbuch des Ohara-Ikebana, erschienen in hoher Auflage (10.500 Exemplare).
Vergriffen. (Landesbibliothek Oldenburg, Sign.: 97-6136)

Nr. 86-1990
Wittig, Hildegard Hôka und Horst E. Wittig
Ikebana. Japanische Blumenkunst. Ein Lehr- und Übungsbuch des Ohara-Ikebana
Oldenburg-Wiefelstede: Meiner; Wilhelmshaven: Noetzel 1990

Vergriffen. (Landesbibliothek Oldenburg, Sign.: 93-6677)

Abb. 14: Wasserfallform (kasui-kei) der Ohara-Schule von Hildegard Hôka Wittig. Gefäß: ovale Keramikschale der Ohara-Schule in monochromer Glasur. Material: Kamilien (tsubaki), Berg-Sankirai (sankirai). Umschlagtitel von: Hildegard Hôka Wittig und Horst E. Wittig, Ikebana. Japanische Blumenkunst. Ein Lehr- und Übungsbuch des Ohara-Ikebana, Oldenburg-Wiefelstede; Wilhelmshaven 1990 (Kat.Nr. 86-1990).

Abbildungsverzeichnis

Abb. 12 (S. 48) Nage'ire. Aus: Oshikawa Josui, Hazel H. Gorham, Manual of Japanese Flower Arrangement, Tôkyô 1936, ohne Paginierung (S. 295) (Kat.Nr. 70-1936).

Abb. 13 (S. 54): "Elementary Style D". Umschlagtitel von: Hildegard Wittig und Horst E. Wittig, Ikebana. Die japanische Kunst des Blumensteckens, München 1983 (Kat.Nr. 85-1983).

Abb. 14 (S. 56): Wasserfallform. Umschlagtitel von: Hildegard Hôka Wittig und Horst E. Wittig, Ikebana. Japanische Blumenkunst. Ein Lehr- und Übungsbuch des Ohara-Ikebana, Oldenburg-Wiefelstede; Wilhelmshaven 1990 (Kat.Nr. 86-1990).

Einband Vorderseite: Vgl. Abb. 2 (S. 11).

Einband Rückseite: Ikebana-Skizze „Kiefer im Schnee“; sumi-e-Malerei von Hildegard Hoka Wittig, Nara 1987.